AF364711

لَكِنَّ الشَّرَّ لَا يَدْخُلُ أَبَدًا
قُلُوبَنَا نَحْنُ الصِّغَارُ

22

وَلَكِنْ... مَهْلًا أَنَا مُجَرَّدُ طِفْلٍ بَرِيءٍ
لَا يَقُومُ بِالْأُمُورِ عَنْ قَصْدِ

لكن مهلاً !؟

أَحْيَانًا عِنْدَمَا أَغَارُ
مِنْ أَخِي الصَّغِيرِ

أَحْيَانًا عِنْدَمَا أَرْفُضُ الْمُشَارَكَةَ فِي لُعْبَتِي مَعَ أَصْدِقَائِي

أَحْيَانًا عِنْدَمَا لَا أُلْقِي السَّلَامَ عَلَى الْكِبَارِ

كَأَنْ آخُذَ أَفْضَلَ دَوْرٍ

أَحْيَانًا أُرِيدُ الْفَوْزَ فِي اللَّعِبِ مَهْمَا كَانَتِ اللَّعْبَةُ

أَحْيَانًا عِنْدَمَا أَصْرُخْ
فَأُصْدِرُ أَصْوَاتًا مُخِيفَةً

وااااااع!

عِنْدَمَا أُرِيدُ أَنْ أَلْعَبَ بِصَدِيقِي فَأُحَوِّلُهُ لِشَاحِنَةٍ أَوْ دُمْيَةٍ

أَكُونُ أَحْيَانًا شِرِّيرًا بَعْضَ الشَّيْء

لست شريراً

تأليف: رولا سعادة

رسوم: هشام سليمان

الطبعة الأولى
2023

Website: www.alrouqy.com - Email: info@alrouqy.com